Dominique Perret

Skieur «extrême»

Préface / *Foreword*
Gilles Chappaz

Introduction / *Introduction*
Luc Domenjoz

Skieur / *To Ski*
«Extrême» / *"Extreme"*
Planète blanche / *White Planet*
Ombres et Lumières / *Shadows and Lights*
Traces / *Tracks*
Envers du décor / *Flip Side*
Dominique Perret

Traduction / *Translation*
Margie Mounier

Conception graphique / *Graphic design*
W,G&R, Lausanne

CHRONOSPORTS
EDITEUR

«Quand le sage montre le ciel,
l'ignorant regarde le doigt»

*"When the wise man points to the sky,
the fool sees but the finger"*

«Pendant que le sage cherche le pont,
le fou a traversé la rivière...»

*"While the wise man looks for the bridge,
the fool has crossed the river..."*

Remerciements

A tous mes sponsors et partenaires qui ont fidèlement soutenu mes projets, mes compagnons de voyage - et parfois de galères! - qui ont participé à ces aventures et au tournage de ces films.

Didier «Magic» Lafond; les photographes: Mark «Sharp» Shapiro; Tom Ericson; Alain Revel.

Les guides de montagne: Jean-Paul Lemercier, Thierry Gasser, Jean Troillet, Luc Défago. Les camera-men: Jean Afanassieff, Tom Day, Trevor Avedissian et Patrick Mounoud ainsi que tous ceux qui ont directement permis la réalisation de ce livre: Geff, Alain et les deux Nicolas de l'agence WG&R à Lausanne; Antoine, Claude et Werner des Ateliers du Nord; Mara Hlasek; Luc Domenjoz; Chantal Schindler; Margie Mounier et Gilles Chappaz.

Acknowledgements

I would like to express my thanks to all my sponsors and partners, without whose all my projects would not have been possible.

My further thanks go to those who accompanied me on my travels (not always a pleasure trip!) to participate in all the adventures and film shoots: Didier «Magic» Lafond; the photographers: Mark «Sharp» Shapiro; Tom Ericson; Alain Revel; the mountain guides Jean Paul Lemercier, Thierry Gasser, Jean Troillet, Luc Défago; the cameramen Jean Afanassieff, Tom Day, Trevor Avedissian and Patrick Mounoud. With gratitude I also acknowledge all those who contributed directly to the realization of this book: in Lausanne, the WG&R Agency Geff, Alain, Nicolas 1 and 2; Antoine, Claude and Werner of Ateliers du Nord; Mara Hlasek, Luc Domenjoz, Chantal Schindler, Margie Mounier and Gilles Chappaz.

ISBN 2-940125-07-4
Chronosports Editeur, Route de Denges 28B, CH-1027 Lonay, Suisse. Tél. (++41 21) 803 31 15. Fax (++41 21) 803 31 16.
Photogravure réalisée sur Macintosh™ par DPI, Gland, Suisse. Imprimé et relié en Italie par Sfera International / Garzanti Verga Milano, Italie.

Sommaire ~ *Summary*

Préface

L'histoire est belle, tellement elle est simple et naturelle. C'est celle d'un bambin plutôt dégourdi, à qui son paternel colle une paire de patinettes aux pieds, alors qu'il vient à peine de percer les secrets de la marche et qu'il explore, malhabile, les lois subtiles de l'équilibre. Va et éclate-toi fils !

Une fois abandonné à lui-même, le môme brutalement confronté aux pièges de l'aléatoire n'a alors pas trente-six solutions:

- soit il chougne et capitule d'entrée, écoeuré et en larmes, parce que la neige c'est froid, ça mouille et que c'est pas marrant de tomber. Le papa trouvera alors autre chose pour l'occuper

- soit il fait un effort pour piger d'instinct les énormes potentialités de ces drôles d'engins, pas si rebelles qu'ils en ont l'air, et très vite il va pouvoir se laisser glisser !

C'est évidemment cette seconde hypothèse que le gamin, né intrépide et d'un naturel curieux, va choisir. Alors que le père, qui sait par expérience olympique ce que skier veut dire, comprend d'emblée que le sang de la glisse coule dans les veines de sa progéniture, le fiston se dit plus prosaïquement qu'on lui a enfin dégoté un jeu d'enfant digne de ce nom. Et que c'est pas trop tôt ! Comme il a décidément bien du talent et d'indubitables prédispositions génétiques à dompter la vitesse, il s'engage bille en tête dans l'exploration ludique et infinie des choses de la neige, assimilant au passage quelques-uns des conseils éclairés que son père, en esthète de l'art, lui distille épisodiquement:
fais-toi plaisir fiston !

Bien trop préoccupé par son bonheur de goûter à de si délicates sensations, et encore trop jeune dans la vie, notre petit héros ne soupçonne pas encore que le cours de son existence vient déjà de bifurquer vers des horizons illimités...

En même temps qu'il prend quelques centimètres, des muscles

Foreword

This is a simple and candid story, and that is the beauty of it. It has to do with a fairly bright little chap who - just when he's getting the knack of standing on his own two legs and clumsily adjusting to the sneaky laws of balance - gets a pair of skis slapped onto his feet by his father. Go to it, son!

Once left on his own to face that brutally risky business, he realizes there are no two ways about it:

- either he's going to throw a tantrum and let the situation get the best of him, sobbing disgustedly at the cold, wet snow that's no fun at all to fall down into (Daddy will just have to find something else for him to do)

- or else, instinctively, he's going to grasp all the potential behind those slippery gadgets - not as tricky as they look after all - and before you know it, he'll be whisking off on them!

It goes without saying that our little lad - born courageous and nosy by nature - goes for the second alternative. The proud dad, who after all has the olympic experience to know a born skier when he sees one, already intuits a feel for glide in his offspring. But to the little boy this is simply, at long last, a children's game worthy of the name. Not a minute too soon! And since he's pretty talented, and even shows signs of having inherited a certain propensity for speed, he throws himself headfirst into the playful and endless exploration of all that is snow. Yet he also pays heed to the - as illuminated as illuminating - tidbits of advice artfully transmitted by his Pop: That's the way, son. Enjoy!

So time passes. Our little hero - far too busy relishing a wide range of delicious sensations and, in fact, still just a kid - has as yet no inkling that his whole existence is about to take off on an infinitely vast tangent ...

As the inches add on, so too come the muscles and a head more

et un solide carafon, il peaufine sa technique, tâte du piquet, et joue aux apprentis-champions. A l'école de la performance, s'il découvre les vertus du geste juste et pur, il se collette aussi avec l'esclavage du chronomètre. On a beau être Suisse, respectueux des traditions horlogères, on n'en est pas moins épris de liberté...

Fort de l'assurance que donnent les poils au menton, les épaules balèzes et le verbe maîtrisé, notre ami préfère alors se concentrer sur d'autres challenges, plus intellectuels et spirituels que véritablement sportifs. Y'a pas que le ski dans la vie...

Quelques années vont ainsi s'écouler nonchalamment. Jusqu'à ce que se réveille, inéluctable et plus forte que tout, l'envie d'espace, de vitesse, de pente, de poudreuse, et de nature XXL.

Et petit à petit, par fines touches d'artiste inspiré, celui qui est toujours resté un gamin (un vrai), pour qui le mot jeu a un sens (un vrai), va tranquillement s'approprier la planète neige et répondre à l'appel du (très) grand ski, du ski majuscule. Lattes aux pieds, il proclame haut et en couleur sa profession de foi pour une façon innovante, dépouillée, joviale, fantasque, engagée aussi, de flamber avec la neige. Comme le ferait un grand couturier, il se renouvelle sans cesse, invente un style, impose sa patte et crée son image de marque. Ou plutôt : crée des images qui marquent. Il y a aujourd'hui une griffe Dominique Perret.

Jugez plutôt...

squarely screwed to his shoulders; along with all this, an ever more refined technique and then the first slalom gates: all combining to make a young winner of our lad. Performance becomes the name of the game: he learns the sheer beauty of the right movement at the right time, while at the same time he buckles under the strain of the stop-watch. And there's the catch: with all due respect, not every native Swiss has a clockmaker's temperament. For some, the call of freedom beckons otherwise.

At any rate, with the confidence born of the first chin hairs, the widening shoulders and a certain verbal proficiency, our boy's enthusiasm spills over to other fields of interest of a more intellectual and philosophical nature.
The discovery that there's more to life than skiing ...

Again time passes. As if foreordained, there comes an awakening that sweeps all else off the table. A craving for space, speed, steep slopes and powder snow, nature in all its glory. And so, gradually - with the dabs of an inspired artist who remains a (true) child at heart and who lends (real) meaning to the expression "game playing" - there comes a takeover with respect to the world of snow. It is our friend's reply to the call of a world where snow is spelled S-K-I. Bindings set tightly, he proclaims to the world at large his abiding faith in a totally novel, pure, joyful, fanciful and yet fully committed approach meant to blaze a path of glory across the snow. Now become a grand couturier of his trade, he is always out to renew his merchandise, invent new styles, set the tone and create his own trademark look. Or rather, to provide images of his trade that leave their mark on the public. Today, the label "Dominique Perret" conveys both a trademark look and outstanding images of his trade.

Feel free to see for yourselves ...

Gilles Chappaz, Rédacteur en Chef du magazine «Ski Français»
Gilles Chappaz, Editor-in-Chief of the magazine "Ski-Français"

Introduction

Ce livre illustre six ans de la carrière de Dominique Perret. Né en 1962 à La Chaux-de-Fonds, dans le Jura suisse, Dominique a débuté sur les skis à l'âge de deux ans. Après quelques années de compétition, il enchaîne par des études, loin des montagnes, qui lui apportent un diplôme d'ingénieur technicien en mécanique.

Dominique, skieur «extrême», préfère se qualifier de skieur libre, alternatif: pratiquant une forme de ski nouvelle, contemporaine, sorte de retour aux sources riche d'influences et de références qui ne correspond pas aux critères rigides de la compétition et qui permet de s'exprimer en toute liberté. A l'image du Jazzman ou du Rocker, il créé son propre style et joue d'instinct, sans partition, en toute improvisation. Avec les lois de la nature comme seule contrainte.

Il se lance aussi dans la technique, en créant la société de recherches et développement «Thema», destinée à réfléchir à de nouveaux produits, principalement conçus pour l'industrie du sport.

Parallèlement, avec son ami chamoniard Didier Lafond, cameraman et réalisateur, il tourne chaque année et co-produit dans les quatre coins de la planète un film d'une dizaine de minutes consacré au ski alternatif, et diffusé à chaque fois par plus de 400 chaînes de télévision dans le monde.

Il est ainsi parti à la conquête des contreforts himalayens de l'Ouzbékistan aux terres de Patagonie en passant par les Rocheuses canadiennes, sans oublier les Alpes. De chacun de ces films, il a ramené les photos spectaculaires qui illustrent cet ouvrage.

Un livre d'images, d'images de ski et d'aventure, de moments forts. Car Dominique Perret fait partie de ces gens toujours à la recherche d'absolu, privilégiant la beauté du geste, attiré par les nouveaux espaces. Loin des sentiers battus, là où il est encore possible de laisser sa propre trace. Où la ligne d'arrivée n'existe pas.

Dominique Perret ne sait pas s'il vit pour le ski ou s'il skie pour vivre. Ce virtuose des figures les plus folles est en parfaite symbiose avec la montagne et ses pentes, où qu'il se trouve. Il avoue n'avoir jamais eu de véritable frayeur dans sa vie. Car sous des dehors de fou du volant glissant, il cache une tête solidement posée sur les épaules. En athlète professionnel, tous les risques pris pour assouvir sa soif d'immaculé sont toujours calculés au plus juste, après avoir analysé la situation et écouté les conseils des spécialistes de chaque endroit.

Ce recueil de photos, d'instants offerts - et non pas volés! - est là pour vous faire partager sa passion: la passion du ski.

Introduction

Presented here are six years of career in the life of Dominique Perret. Born in 1962 in Switzerland's Jura Mountains (La Chaux de Fonds), Dominique began skiing at the tender age of two. After the childhood years of trials and tribulations came several years of competition. Thereupon, he temporarely branched off from the mountains to take a degree in engineering .

Officially labelled an "extreme" skier; he himself prefers the expression "free" - or "alternative" - skiing. His is a new and contemporary form of skiing, in the spirit of a return to ski roots encompassing a wealth of influences and points of reference far removed from the strict criteria governing competition: a totally liberated manner of expression. As would your jazz or rock musician, here is a skier who creates his own style, playing "by ear", scorning music scores so as to improvise freely, with the laws of nature as sole restriction.

He also became involved with technology to the point of setting up his own research and development firm under the name «Thema». The company designs new products targeting in particular the sports industry.

In parallel to that activity, Dominique works with his friend Didier Lafond, a camera man and film producer hailing from the French Alpine resort of Chamonix. Together - in all four corners of the planet and every year - they shoot and co-produce a ten-minute film devoted to alternative skiing. Their films are broadcast annually on over 400 television channels throughout the world.

And it is thus that he set out in conquest of the Himalayan foothills of Uzbekistan clear across to the Patagonian regions of South America via the Canadian Rockies to the north, and without forgetting the Alps. Every film contributed to the spectacular shots that have gone into the present volume.

This "picture book" - a book of ski and adventure pictures - is comprised of intense moments, for Dominique is one of those people constantly on the lookout for absolutes, who favor the beauty of a gesture and are attracted by new places, far from the beaten path, where it remains possible to leave your own tracks and where there exists no finish line.

Dominique hardly knows whether he lives to ski or skis to live. A virtuoso of daredevil figures, he evolves in total symbiosis with the mountains and mountain slopes that serve him as stage, no matter where in the world. For despite appearances - a crazed ace driver comes to mind - he has a good head on his shoulders. As a professional athlete, any risks taken in the name of the ultimately immaculate experience are always calculated in all exactitude, based on an analysis of the situation and the advice of specialists.

Putting these stolen moments of pleasure into book form is Dominique's way of sharing his passion, a passion for skiing, with fellow enthusiasts around the world.

I

Skieur

A pieds, sur roues ou dans les airs, l'homme a toujours été fasciné par le mouvement et la vitesse. Le ski n'échappe pas à cette règle. Inventant un moyen de déplacement chaussés de planches en bois, les pionniers du ski eurent rapidement l'envie de se laisser glisser droit devant eux, toujours plus vite et sur des pentes toujours plus raides... en ce temps, on ne s'embarrassait pas du superlatif «extrême» pour qualifier le ski. On faisait du ski.
On était skieur. Point.

Généralement, on dit du sport qu'il est un révélateur puissant de l'homme, qu'il éclaire avec force les multiples facettes d'une personnalité. Je pense que le sport dévoile, par-delà des mécanismes biologiques, les aspects cachés, secrets de chaque être humain. Il contribue autant à l'exploration intérieure et extérieure du monde environnant qu'à la découverte de ses propres possibilités et de celles qui nous sont offertes. Le sport explore nos motivations profondes, il nous pousse à notre propre rencontre et nous ouvre à celle des autres.

En ce sens, le ski, la neige et la montagne m'ont donné cet éveil personnel, m'ont appris à accepter les contraintes de la vie.
Le travail et une certaine rigueur m'ont amené à découvrir l'accès à ma propre liberté.

L'apprentissage du ski s'est fait parallèlement à celui de mes premiers pas. Une approche instinctive privilégiée, anti-académique, naturelle. L'approche d'un sport fabuleux qui va rapidement se transformer en une philosophie de vie, en une envie perpétuelle d'harmonie avec les éléments. La recherche du mouvement simple, efficace, inédit, qui permet de glisser sans contrainte, sans heurts à la surface des éléments: la neige, la vie ?

La vie est un sport, ma vie sera le ski...

A l'image de ce chapitre, le geste sera simple, classique, composition des éléments de base, sans fioritures ni effets de style. Basique.

To Ski

Whether on foot, on wheels or up in the air, motion and speed have forever fascinated man. Skiing is no exception. With the invention of wooden slats to attach to their shoes as a means of transport, skiing pioneers rapidly came to appreciate the new glide sensation, faster and faster and steeper and steeper.
No need here for the superlative "extreme": you either skied or didn't, were a skier or not.

It is widely believed that sports reveal the man, that they uncover many facets of a person's personality. I believe this is true, that sports unearth clues to not only our biological selves but our hidden selves as well. They contribute as greatly to the inner and outer exploration of our environment as to the discovery of our own inherent possibilities and those available to us for the asking. They allow us to examine our deepest motives and thus encourage us to meet up face to face with both ourselves and others.

In that sense then, I feel skiing, snow and mountains are what inspired an awakening in me, teaching me to accept life's constraints. It took work and a certain rigor to discover this, and to use it as the key to my freedom.

I learned to ski while learning to walk: how privileged I was to start out on such an instinctive, anti-academic basis. It was not only the best possible approach to a fabulous sport, but would subsequently lend itself to being applied as a philosophy of life: the constant desire to be in harmony with the elements. The search for simplicity of movement ... gestures that are effective, totally original, made for coasting smoothly over a bump-free surface: across the snow ... across my life?

Life is a sport, my life is TO SKI.

Mirroring this chapter, the simplicity and classicism of movements composed of base elements, unembellished and free of any stylistic affectation. Basic.

ellesse
FISCHER

FISCHER
FISCHER

ROSSIGNOL
ROSSIGNOL

II

«Extrême»

Mot délicat et difficile s'il en est, "extrême" est devenu un mot très à la mode, sorte de fourre-tout qui détermine l'ensemble des activités inclassables qui sortent de la norme acceptée et qui ne rentrent pas dans les chartes de l'organisation du Sport au sens classique et institutionnel du terme.

Je n'aime pas ce mot. Mais puisqu'il s'agit de l'expression consacrée et acceptée, tâchons de le relativiser en ne gardant que sa substance rebelle, d'où l'importance des guillemets.

Synonyme de décalage, de décentrage et de déséquilibre, "extrême" engendre inévitablement la surenchère et le roulement de tambour. Au lieu d'ouvrir, de libérer, d'amplifier l'action qu'il détermine, cet adjectif limite, castre et restreint son champ d'imagination et d'application. Il ne correspond pas à ma philosophie du ski et du sport en général car il évoque malheureusement plus souvent des actions téméraires et sans lendemain de gens qui se fuient, plutôt que des réalisations - bien sûr parfois audacieuses - de gens qui se cherchent. Cette quête d'absolu est fréquemment ramenée au simple défi - perdu d'avance - qui consiste à provoquer Newton et sa pomme, au détriment des vraies valeurs de la vie.

Les situations fortes et rares évoquent pour moi un retour aux sources, une recherche instinctive de soi qui passe par la confrontation avec les éléments naturels à l'état brut. Une nouvelle philosophie du sport qui fait également abstraction de tout système de mesure - en définitive assez arbitraire - des mètres, des secondes, des degrés. C'est la recherche de la valorisation de l'individu et de la performance par l'intensité de l'engagement et par la beauté du geste soulagé de tout barème de classification.

Les lois omniprésentes, les règles, les codes, les systèmes, la normalisation de notre société nous étouffent et nous déresponsabilisent chaque jour davantage. L'envie de lâcher prise, de se retrouver face à soi-même prend le dessus et dans les mille et une vies dont nous disposons, les raisons d'être apparaissent - fussent-elles fatales - et nous dévoilent la valeur de la vie, la valeur de notre existence.

Notre génération a remis en cause les certitudes, les habitudes consacrées ainsi que les règles morales du passé, l'autorité incontestée, les fins à suivre, les choses à croire et la façon de se comporter. De nombreuses choses trouvaient leur finalité et leur justification dans un cadre institutionnel. Les modèles étaient clairs et peu nombreux. Aujourd'hui il faut trouver sa voie, sans certitude dans la vague de stimuli, de tentations et de propositions, les routes sont multiples, les modèles nombreux et différents... Dès lors il faut déconnecter les schémas établis. Choisir l'alternative de "l'extrême" amène vite le renoncement à la compétition. Le temps est arrêté et ne se mesure plus. La démarche se fait minimaliste et paradoxalement il devient nécessaire de se sentir assez libre pour réaliser des choses que l'on sent inconsciemment.

A l'image du saltimbanque ou du funambule, skieur "extrême", j'évolue sans filet dans le cirque blanc des montagnes avec les cimes pour chapiteau. Dès lors, il m'importe peu d'être le meilleur, mais beaucoup de donner le meilleur de moi-même...

"Extreme"

"Extreme" is a tricky term if ever there was one. It is currently in vogue as a sort of catchall containing a set of unclassifiable activities exceeding all norms; those which do not fall into the traditional and by now institutionalized "sports" framework.

I dislike the term. But since it has in fact been sanctioned and accepted through use, best to relativize it and retain the nugget of rebellion at its core. So much for the quotation marks ...

Because it bespeaks a degree of variance, off-centeredness and disequilibrium, "extreme" inevitably seems to call forth a a great deal of one-upmanship and drum rolling. Instead of opening up, liberating, and widening an activity undertaken under that heading, it limits, emasculates and constrains the scope of imagination and application for that activity. This differs from my personal outlook on skiing and sports in general because it tends to inspire a certain short-lived recklessness in people on the run from themselves. To me, the point of it all has to do with the sort of accomplishments - perhaps somewhat audacious - that mean facing up to yourself. Frequently, the pursuit of an absolute gets pared down to a mere challenge - lost in advance at that - to Newton and his famous apple, and this to the detriment of more worthwhile life values.

To me, intense and rare situations represent a return to the source, an instinctive search to meet up with myself by confronting natural elements in the rough. That confrontation is part and parcel of a new sports philosophy that, as well, leaves byside systems of measurement - actually most arbitrary - counting in meters, seconds or degrees. What matters is granting due value to the individual and his or her performance, based on the intensity of a person's commitment and the beauty of their gesture, without paying the slightest heed to ratings.

Given society's omnipresent laws and regulations, codes of conduct, systems, and rites of standardization, we are being suffocated and made more passive by the day. The ensuing lack of motivation makes us want above all to opt out, to come face-to-face with ourselves, in situations crystallizing the many facets of our life into the reasons - even if they turn fatal - that make them all worth living. The process reveals the value of Life, the value of our own life.

My generation has questioned the certainties, customs and mores bequeathed to us by our ancestors: we refuse such outright authority, immutable goals, blind faith and an arbitrary code of behavior. Formerly, most principles were irrevocably justified by being institutionalized. Role models were few and altogether explicit. Nowadays we are obliged to seek out a path for ourselves with no certainties to guide us and amid myriad stimuli, temptations and propositions. Today's paths are multiple, the models available numerous and diverse: yesterday's schematization no longer applies. Thus the schema "competition" rapidly becomes an anachronism in an "extreme" situation where time "stands still" and can no longer be measured. The approach is minimalist; strangely, this involves feeling free enough to do what our unconscious expects of us.

In the manner of circus acrobats and tight-rope walkers, although without a safety net, as an "extreme" skier I perform in a white circus of mountains where the summits serve as a big top. In that vein of thought, BEING the best is of far less importance to me than GIVING my best ...

F-GECS

FISCHER
RC4

АЭРОФЛОТ

CCCP-25423

III

Planète Blanche

C'est une paire de skis, une simple paire de skis qui va, à l'origine, concrétiser mon envie de voyages. La force du rêve aussi. Son inspiration puisée dans les récits, les histoires, les contes et légendes.

Le ski ouvre les horizons, dans un premier temps, si l'on veut s'exprimer et dévaler les pentes, il oblige à gravir les versants - même de la plus petite colline. Du sommet s'offrent alors, dans l'enfilade des vallées, de nouvelles perspectives. L'imagination s'emballe, le rêve est parti. Le ski, formidable moyen de transport incite au voyage. Il nous libère, nous délivre de l'attraction terrestre et glisse à la surface des éléments. C'est la fête des sens. Il invite à se laisser aller à l'aventure, à la découverte de cette planète blanche...

La curiosité des destinations inconnues, la tête dans les nuages et les skis sur la neige, c'est l'envie d'aller voir Ailleurs. Pour le skieur, cet ailleurs est par-delà les points cardinaux, la découverte de nouvelles pentes, de montagnes vierges, de couloirs et de versants sans fin. C'est également la découverte de variétés insoupçonnées de neiges différentes, c'est l'adaptation aux vents, aux températures et aux systèmes météo rencontrés.

C'est aussi les glaciers, les lacs, les rivières et les déserts sous un ciel nouveau, à l'écart des routes empruntées. Cet ailleurs, c'est parfois un océan qui éloigne, une chaîne de montagnes qui divise, une culture ou une langue qui sépare, mais c'est aussi la capacité d'inventer, de renouveler et de découvrir. La curiosité d'un regard neuf. Ici comme là-bas. L'approche et la rencontre des autres, d'amitiés nouvelles de gens qui souvent partagent la même passion, cette passion pour la vie. Proche ou éloigné, cela n'a en fait que peu d'importance car la neige et la montagne se moquent des frontières...

En route pour de nouvelles Aventures!

White Planet

My longing for travel was first fired by a simple pair of skis. Thanks as well to the power of my dreams, in turn inspired by live adventure accounts, stories, fables and myths.

Skiing opens up new horizons in the first place: for if you want to express yourself by zooming down slopes, you are obviously obliged to first go to the top, be it of the smallest hill. And from there you gaze out at valley after valley, a whole new perspective. The imagination is kindled, the dream ignited. Skiing, a marvelous means of transport, is an incitation to travel. To ski is to be liberated, to defy gravity and coast over the surface. A feast of the senses. An invitation to join the adventure, to embark on the discovery of this, the "White Planet".

Curiosity for unknown destinations - head in the clouds, skis in the snow - is in fact the desire to go see Elsewhere. For skiers, elsewhere lies beyond the points of the compass in the discovery of new slopes, virgin mountains, endless chutes and mountain faces. And as well in the adaptation to undreamt-of varieties of snow, changing winds and temperatures, different weather patterns.

Elsewhere ... also glaciers, lakes, rivers and deserts, every time under a different sky and far from mapped circuits. Or as well ... an ocean that carries you off, a chain of mountains that divides, a culture or a language that separates. Still again ... the capacity to invent, reinvent and discover. Curiosity in new ways of seeing. Here or there. How to approach, to meet, others; new friendships with people who live with the same intensity as yours, with a passion for life. Whether close by or far away is secondary: snow and mountains know no frontiers.

Here's to the next Adventure!

U R S S

La route de la soie est sûrement passée par là...
Ouzbekistan. Mars 1992.

U S S R

Surely the silk route passed through here...
Uzbekistan. March 1992.

◀ C a n a d a

Solitude des grands espaces.
Mike Wiegele Heli Resort. Février 1993.

C a n a d a

The solitude of wide open spaces.
Mike Wiegele Heli Resort. February 1993.

S u i s s e

Dernière reprise d'une longue journée au sommet des Dents du Midi.
Portes du Soleil. Février 1995, 18 h 15.

S w i t z e r l a n d

Last pickup after a long day atop the Dents du Midi.
Portes du Soleil. February 1995, 6:15 pm.

▲Reprise

Mike Wiegele Heli Resort. Février 1993.

Pickup

Mike Wiegele Heli Resort. February 1993.

▼Dépose

Portes du Soleil. Février 1995.

Drop

Portes du Soleil. February 1995.

▲Départ acrobatique

Sommet des Portes de l'Hiver.
Portes du Soleil. Février 1995.

Acrobatic takeoff

At the summit of the «Gates to Winter».
Portes du Soleil. February 1995.

▼Dépose

Rappel dans le massif des Drus.
Chamonix. Avril 1990.

Drop

Roping down on the massif des Drus.
Chamonix. April 1990.

▲ **Reprise**

Lama d'Air Glaciers sur le lac de Salanfe.
Février 1994.

Pickup

*Air Glaciers' Lama' on Lake Salanfe.
February 1994.*

▼ **Dépose**

Jet Ranger prêt à décoller après le lunch.
Monashees Mountains. Février 1990.

Drop

*Jet Ranger ready for takeoff after lunch.
Monashees Mountains. February 1990.*

▲ **Reprise**

Lama en vol stationnaire dans un endroit délicat.
Champéry. Février 1994.

Pickup

*Lama hovering over a tricky spot.
Champéry. February 1994.*

▼ **Dépose**

Les skis aux pieds dans la carlingue du MI-8 d'Aeroflot.
Ouzbekistan. Mars 1992.

Drop

*Skis already fastened in the Aeroflot MI-8 cabin.
Uzbekistan. March 1992.*

Reprise

Lama dans la tourmente.
Portes du Soleil. Février 1995.

Pickup

Lama in a blizzard.
Portes du Soleil. February 1995.

Reflet

Grandes courbes sous les orgues de glace du glacier des Dents Blanches. Février 1994.

Reflections

Long curves under the ice organs of the Dents Blanches glacier. February 1994

Envol

Vue aérienne des Dents du Midi.
Tôt le matin. Février 1995.

Takeoff

Aerial view of the Dents du Midi.
Early morning. February 1995.

Sur la route ▶
Rencontres.

On the road
New friends.

ТАШКЕНТ
ТУРИСТ
7841 ТНН

BLACK HORSE SALOON

Panorama

Au loin, Vevey et Montreux sur les bords du Léman. Sommet des Dents du Midi. Février 1994.

Bird's-eye view

In the distance, Vevey and Montreux on Lake Geneva. Picks of the Dents du Midi. February 1994.

◀ Panorama

Vol au-dessus d'un nid de coucous... Champéry. Février 1995.

Bird's-eye view

One Flew over the Cuckoo's Nest... Champéry. February 1995.

Panorama

Rares virages sur les flancs du glacier argentin Perito Moreno. Patagonie. Août 1991.

Bird's-eye view

Rare turns on the side of the Argentine Perito Moreno glacier. Patagonia. August 1991.

Hellmenken Falls

150 mètres de rappel pour une poignée de virages dans le «Chaudron du Diable». Canada. Février 1994.

Hellmenken Falls

150 meters of roping down for but a few turns in the «Devil's Cauldron». Canada. February 1994.

Suisse

Virages feutrés dans le duvet du «Bel Oiseau». Février 1994.

Switzerland

Feathery turns on «Bel Oiseau» Moutain. February 1994.

Canada ▶

Sur les pentes de la rose de glace. Mike Wiegele Heli Resort. Février 1993.

Canada

On the slopes of the ice rose. Mike Wiegele Heli Resort. February 1993.

Solitude

Silence de fin d'après-midi sur les versants du lac de Salanfe. Février 1995.

Solitude

End afternoon silence on the Lake Salanfe sides. February 1995.

Sur le fil du rasoir

A la rencontre du ciel et de la terre sur les crêtes de Champéry. Février 1994.

Razor edge

Sky and earth meet on the Champéry moutain ridges. February 1994.

Improvisation

Dans un dédale de glace, d'ombres et de crevasses.
Mike Wiegele Heli Resort. Février 1993.

Improvisation

Within a maze of ice, shadows and crevices.
Mike Wiegele Heli Resort. February 1993.

IV

Ombres et Lumières

L'hiver en montagne, les journées sont courtes. L'ensoleillement est parfois rare. Pour les prises de vues, chaque minute de clarté doit être mise à profit. Dans le rush incessant de cette course contre le jour, il est primordial de trouver la patience qui permettra d'attendre l'instant idéal et singulier où la lumière rendra toute la matière du terrain.

Ce jeu avec l'ombre et la lumière constitue le privilège du photographe.

Dans le domaine de la neige, cette vérité première prend un relief encore plus prononcé. Car si les espaces blancs offrent, dans leur évidence, un sujet de choix pour l'objectif, ils sont aussi les plus délicats à «mettre en boîte» sans commettre d'erreur d'exposition. Pour éviter les pièges, il faudra ne pas se laisser impressionner par l'éclat de la lumière, saisir la subtilité de ses multiples reflets et savoir attendre qu'elle nous dévoile ses contrastes les plus intimes. Paradoxalement, «l'objectif» rendra certains clichés très «subjectifs»... La sensibilité du photographe aussi; il choisira l'angle propice, déterminera le cadre idéal, deviendra ainsi véritable metteur en scène des rayonnements afin d'en saisir l'éclat unique au moment choisi. Précis, exact et particulier. Passage fragile et furtif, équilibre précaire comme le fard sur la paupière où l'ombre intercepte le reflet afin de mettre en valeur le contour, l'image ou la silhouette ainsi révélée.

Pour le skieur, cette lumière est source de jeu. C'est une amie qu'il est nécessaire d'apprivoiser et de maîtriser car elle peut dissimuler des écueils; l'éblouissement, le jour blanc, certaines zones d'ombre où la neige change subrepticement de nature.

Avant tout, cette lumière reste une source d'émotion.

Bien sûr, j'aime skier dans les pentes éclatantes et scintillantes des jours de grand bleu, mais aussi dans les lumières violentes, intenses et furieuses des tempêtes. Mais j'aime également, au fond des forêts, cette douceur cotonneuse, filtrées et tamisées, cette lueur comme étouffée par la voûte des branches enneigées où, à l'inverse ces atmosphères crues, sombres, menaçantes, à l'ombre dure et froide des couloirs et des faces Nord .

Ces ambiances uniques qui sont le privilège des journées de ski. Des journées en montagne.

A présent, ces photos sont là, souvenirs d'attitudes, reproductions fidèles et instantanées. Pour ne pas rester figé dans ces cadres qui appartiennent déjà au passé, j'ai envie de skier. Skier plus vite que mon ombre, skier à la vitesse de la lumière...

Shadows and Lights

Winter days in the mountains are short, and sunshine can make itself scarce. To shoot pictures you have to take advantage of every minute of daylight. In what is a constant race against the clock, it takes a good dose of patience to sit until the ideal and unique moment when the light is right, when it captures the full texture of the terrain.

The play between shadow and light is the privilege of photographers. Where snow is involved, it is more than a privilege: wide open white spaces that seem made for the camera lens are also more delicate to «box» without getting the exposure wrong. To avoid any pitfalls you mustn't let the dazzle of the light impress you. It requires an awareness of the many nuances existing in light, a standing readiness for those moments offering more intimate contrast. Paradoxically, the camera «objective» makes certain prints come out very «subjective»... The photographer's sensitivity can have the same effect: through the choice of the appropriate angle and a certain manner of framing, he in effect stages the rays of the sun to their best advantage at a precise and very special moment. It is a fragile and fleeting phase of the operation, precariously poised on the edge of time like eye shadow on the lid of the eye: the precious instant when shadow intercepts light to bring out the contour or image thus revealed.

For skiers, the same light becomes a game. Something to be tamed and mastered in case of any hidden traps: bedazzlement, whiteouts, certain zones in the shade where the snow can suddenly change.

Above all, that light is a source of emotion.

Of course I love to ski on brightly glistening slopes under all blue skies, but... as well in the violent, intense and furious light of storms. Then again, there is – deep in the forest – a cottony, muted and filtered softness of light that is as if smothered by the snowy branches forming a vault overhead. Or, in severe contrast, that raw, dark, almost threatening atmosphere, the hard and cold shadows of chutes and northern mountain faces. Each with its own particular ambiance, the privilege of a day out on the slopes.

Today there remain the photos bearing witness to all that, faithfully mirroring the scenes of the day. But I do not want to be eternally frozen into settings that already belong to the past. I want to ski, to ski faster than my own shadow, maybe even faster than light...

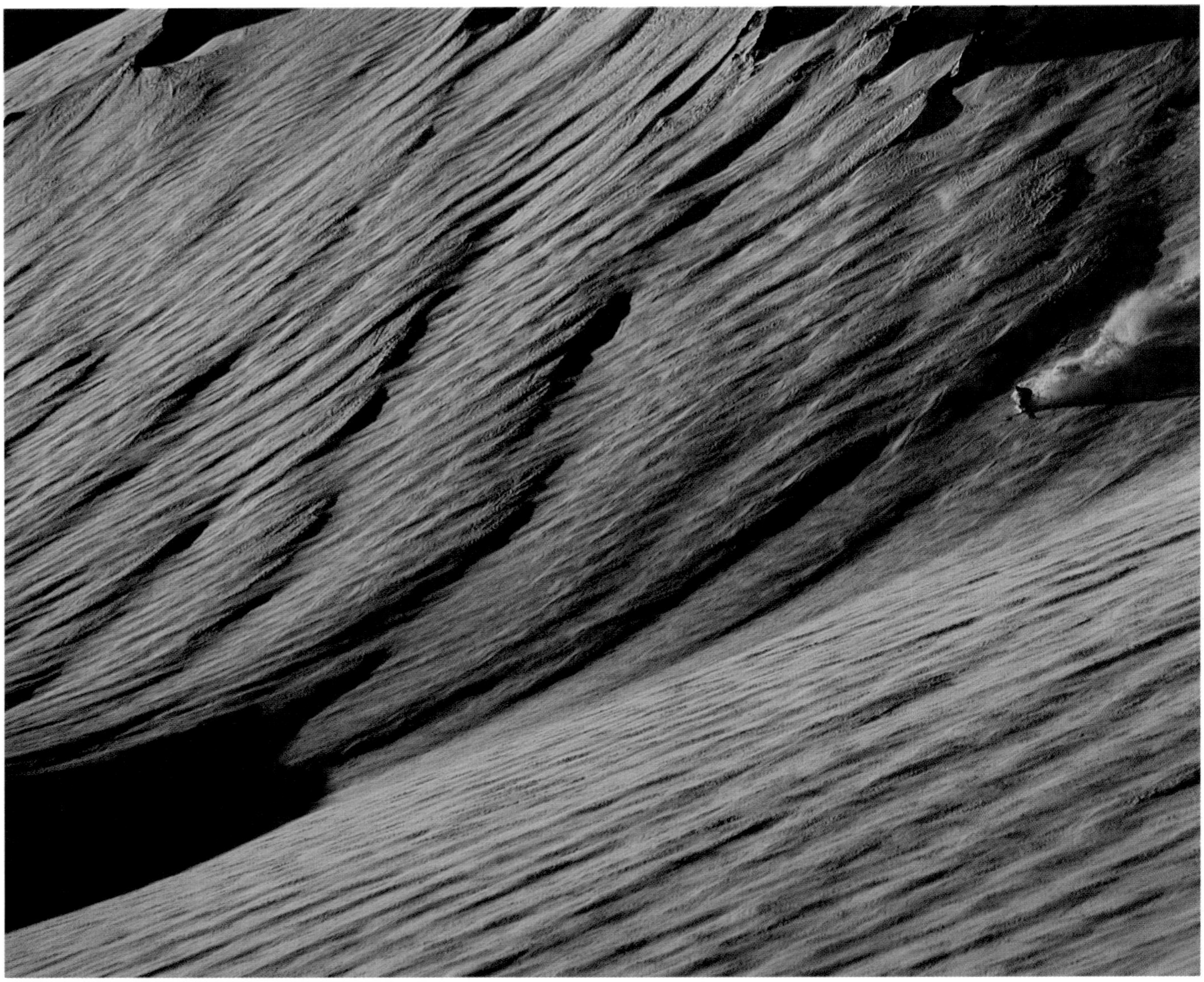

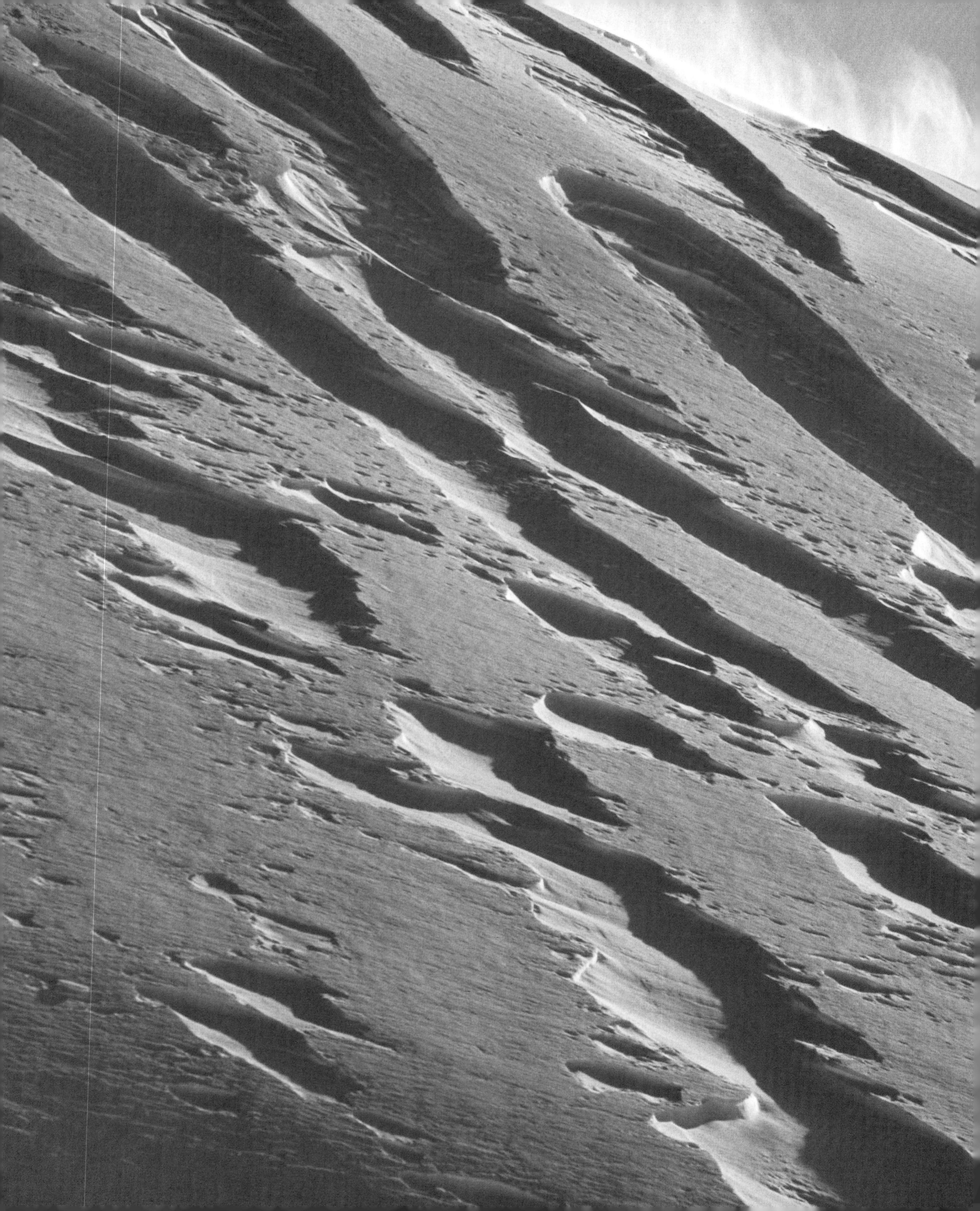

V

Traces

J'aime les traces, elles sont là, imprimées dans la neige, témoins éphémères d'un passage, d'une attitude, d'une conduite - au sens large du terme. On découvre avec amusement ou avec étonnement ces marques de mouvements, mémoire de moments vécus. Elles sont nombreuses, diverses et authentiques. Si certaines sont habituelles, sans surprise, classiques, conventionnelles ou hésitantes, d'autres sont surprenantes, déconcertantes et inattendues.

Empreintes suspendues et ciselées au gré de la nature du terrain, du jeu entre la neige et les rochers, j'aime ces traces pures, claires, tendues. Directes.

J'aime ces traces vertigineuses et audacieuses qu'on découvre lorsque les jalons de l'existence ordinaire disparaissent.

Elles sont là, gravées d'un seul jet, d'un seul essai dans un couloir, offertes au regard. Gravées sur le flanc de la montagne comme un modeste apport de l'homme à la beauté du monde qui l'entoure. Elles sont faites au gré de l'inspiration des skieurs. Ludiques, aléatoires, elles sont le fruit d'un jeu, un témoignage d'harmonie entre l'homme et la montagne. Comme une caresse qui apprivoise l'angoisse du vide, la trace ne recherche pas l'effet, elle est une recherche du sens. Elle suit au plus juste la ligne de pente, se jouant au passage de la verticalité. Manifeste de l'aventure, de l'instinct, la trace réalisée nous fait rêver - au même titre que celle qui ne trouvera jamais sa place mais qui attend déjà impatiemment la prochaine chute de neige afin de redistribuer toutes les cartes et permettre ainsi de nouvelles expressions.

Tracks

I love tracks, those imprints left on the snow as if to bear fleeting witness to someone's having passed through, their attitude, how they conducted - in every sense of the word - themselves. It can be amusing, or astonishing, to come across marks left by movements, souvenirs of moments lived out by others. Tracks are numerous, diverse and authentic. And for all those that are commonplace and free of surprise, that are classic, conventional or somewhat hesitant, there are as well others... full of surprises, disconcerting and unexpected. Left suspended from, and chiselled into, the varied facets of the terrain, tracks playfully leap from rock to snow and back: pure, precise, stretched taut. Direct.

I love the dizzily brazen tracks that spring up where all trace of everyday existence has long disappeared.

There they are for all to see: carved out in a single swipe, a single go at the mountain slope. Carved into the mountain flank, as if man were making a modest contribution to the beauty of the world surrounding him. Reflecting the skier's inspiration of the moment. Playful, random, like the outcome of a game, testifying to the harmony between man and mountain. Further, like a caress assuaging our fears of the drop ahead: tracks that are there not for effect but for the sense of it all.
Hugging the fall line, constantly defying the pull straight down.

Tracks already traced - rendering manifest the adventure itself, the instinct - are the stuff of dreams. Meanwhile, those that never got to be traced are already impatiently awaiting the next snowfall: new cards are to be dealt, calling for new (path)ways of expression.

VI

Envers du décor

Arrivé au terme de cet ouvrage, il convient d'aborder rapidement la face cachée de l'aventure représentée au travers de ces photos.

Cette Aventure et cette recherche de liberté appellent certaines fois à sortir des sentiers battus, à faire des choses que les autres ne savent pas faire - ou pas encore faire. On peut alors tenter d'expliquer certains mécanismes et certaines précautions à prendre lorsqu'on s'aventure en terrain neuf et inconnu, pour limiter les risques au maximum.

Dans un premier temps, il est primordial d'éveiller l'écoute et l'observation personnelle et de se fier à son instinct, mais également de demander l'avis des spécialistes: les guides et les pisteurs. Ne pas se gêner de leur poser des questions, de leur faire part de ses projets, au (moindre) risque de passer pour un "touriste...". Ils sont quotidiennement en milieu alpin et savent observer chaque signe, chaque indice et chaque changement; ainsi ils peuvent prévoir les évolutions de terrain mieux que quiconque.

Il est important de suivre attentivement la météo et les bulletins d'enneigement ainsi que les heures de coucher et de lever du soleil, afin de ne pas se faire surprendre par les conditions changeantes, ou des couches de neige instables. Pour la pratique des sauts, par exemple, on attendra que les couches de neige soient suffisantes pour un atterrissage en sécurité. Si possible on effectuera au préalable un sondage méticuleux du terrain afin de déceler chaque piège. Il en va de même pour sa préparation physique et mentale, elles seront rapidement proportionnelles au degré de liberté recherché !

Je ne pense pas qu'il y ait de techniques spécifiques physiques et mentales à adopter si ce n'est encore une fois cette recherche d'harmonie. Il faut être capable de développer et d'adapter sa préparation selon sa personnalité mais également sa propre morphologie. En effet, on ne peut pas demander à son corps et à son esprit de fonctionner à 100% - lors d'une manoeuvre engagée par exemple - alors que l'on a trop tiré sur la corde auparavant et que l'on s'est astreint à la punition d'un entraînement inadapté. A ce moment précis, la notion de plaisir devient capitale et permet de libérer toute l'énergie demandée et ainsi accorder ce moment de

Flip Side

Every Adventure has its flip side and, as this volume draws to its end, perhaps a quick glance in that direction would be in order.

This sort of Adventure, a quest for freedom, at times calls for leaving the beaten path, doing things others do not - or do not yet - know how to do. In order to keep the risk factor down to a minimum, it seems relevant to explain a few of the mechanisms and precautionary measures involved when setting out for uncharted territories.

As a starter, if it is important to keep a sharp ear and eye out and to heed your own instincts, it is advisable also to seek the advice of specialists: mountain guides and members of the ski patrol. You should feel altogether free to ask questions of them, to inform them of your plans (being taken for a foolish "tourist" is the least of your worries!). These people are in a mountain environment day and night; they take note of every sign, clue and change and can use their findings to foretell what may develop.

It is of course basic to pay great heed to weather reports, snowfall reports and sunrise and sunset times in order to avoid being surprised by a change in conditions or destabilized snow layers. When jumps are involved, it is best to wait until there are enough layers of snow to ensure a soft - and safe - landing. And, to the extent possible, it is a good idea to go over the terrain ahead of time with a fine-tooth comb to uncover possible traps. This also applies metaphorically to self-preparation, both physically and mentally, since the shape you are in rapidly determines the degree of liberty you can enjoy.

There are no specific physical or mental techniques I could recommend except, again, the quest for harmony. Mental and bodily preparation should be geared not only to your temperament but to your very morphology. For to punish mind and body through inappropriate training, asking too much of them beforehand, means they may perform at less than 100% just when you need them the most, during a specially tight maneuver for instance. It is just at such moments that the pleasure principle intercedes, acting as a release mechanism for all the energy it takes to succeed, by the grace of God so-to-speak. Such moments also represent a simple and effective way to get to

grâce et la réussite du mouvement. Cette phase est en fait une manière simple de faire connaissance avec soi-même car les risques inhérents aux sports "extrêmes" obligent à une grande humilité.
Il ne s'agit pas d'un match gagné ou perdu, il s'agit de sa vie.

L'équipement est aussi une composante importante de la réussite de l'aventure. Il semble évident de porter régulièrement son attention sur l'état de son matériel (technique et vêtements) car même les meilleurs produits peuvent subir une usure rapide et imprévue en milieu hostile. Encore une fois, il est primordial de choisir le matériel adapté à sa morphologie et à son style plutôt que de vouloir suivre telle ou telle tendance. Éviter à tout prix de partir avec du matériel flambant neuf, celui-ci peut révéler de drôles de surprise au moment inopportun!

Pour la pratique du ski hors piste, le port d'appareil de recherche (Arva, Orthovox, Baryvox, etc.) se fera automatiquement sans pour autant perdre de vue qu'il ne s'agit nullement d'une assurance supplémentaire qui permet de prendre davantage de risques.

La meilleure utilisation étant de ne jamais avoir à les employer !

En montagne, les dangers sont multiples et certains obstacles, formidables ou a priori anodins, ne pourront pas toujours être affrontés en défi singulier, face à face. Il conviendra de les transformer, que les "ennemis" deviennent "amis". En modifiant le jeu, on peut contourner ces obstacles, on peut également transformer le "non" synonyme d'échec en victoire.

Le seul véritable échec étant de ne pas oser vivre sa vie, de ne pas oser donner corps à ses passions.

En revenant demain ou après-demain, j'aurai peut-être plus de chances et de connaissances de mon côté. En tous cas, c'est certain, la montagne n'aura pas bougé et sera toujours prête pour de nouvelles aventures.

know yourself, because the risks inherent to "extreme" sports make a most humbling experience of them.
It is not a question of winning or losing the game, but ... your life.

Equipment too plays an important role in making a success of adventure. Obviously, the condition of your equipment - technical elements and clothing - must be checked out: even the best can show signs of wear faster than expected when put to test in a hostile environment. Once again: remember to choose equipment that matches your own morphological idiosyncracies instead of following the fashion. Above all, never set off with brand new items unless you want to expose yourself to some rather unwelcome surprises!

For off-piste skiing, wearing an avalanche search device (Arva, Orthovox, Baryvox, etc.) is mandatory, but should by no means be considered as a guarantee granting leeway for extra risk.

The best use you can make of such a device is never having to use it!

In mountain environments there are many dangers. Some of the obstacles encountered - the obviously enormous ones or those that appear minor at first glance - cannot be mastered at one fell swoop, face to face as it were. These must gradually be transformed from "enemies" into "friends": by changing the game rules, they can perhaps be skirted. Or else you can take a different outlook, turning the "no" of failure into a victory: there's something to be learned of every experience. The only real "failure" is when you dare not live your life, when you keep your body from living out its passions.

When I come back to this or that obstacle tomorrow, or the day after, perhaps I will have a better chance and more know-how. But in any case, one thing is sure: the mountain will not have moved off.

It will be standing there awaiting the next adventure.

Dominique Perret

Photographes ~ *Photographers*

Didier Lafond

23, 28(a), 30, 38, 54, 59(d), 60(c), 78, 92, 102, 104, 105

Mark Shapiro

Couverture *Cover*, 7, 10(a), 11(a), 11(b), 12, 13, 15, 16, 17(a), 18, 19, 20, 22, 24, 25, 26, 27, 32, 33, 34, 35, 39, 43, 46, 47, 50, 51, 58, 59(b), 59(c), 60(a), 60(b), 61, 62, 63, 66, 68, 72, 74, 75, 80, 81, 82, 83, 84, 85, 86, 87, 88, 89, 90, 91, 93, 94, 95, 97, 106, 107, 110, 112, 113, 114, 115, 116

Tom Ericson

8, 10(b), 14, 17(b), 21, 28(b), 36, 37, 42, 45, 48, 49, 56, 57, 59(a), 60(d), 65(d), 65(f), 65(g), 65(h), 65(i), 70, 71, 73, 76, 96, 98, 99, 108, 111

Alain Revel

6, 40, 41, 44, 52, 64, 65(a), 65(b), 65(c), 65(e), 69, 100, 109, 118

Pray for Snow !